आकर्षक ददे

AAZAAR

सुमीत कुमार

Made with ♥ on the Notion Press Platform
www.notionpress.com

सुमीत कुमार

सुमीत कुमार, एक वयस्क जो जीवन के कई चरणों का अनुभव करता है, एक प्रसिद्ध लेखक और नए युग के लेखक हैं। वास्तव में वह एक लेखक होने के साथ-साथ गायक, कवि, शायर, उद्धरण लेखक, गीत लेखक और एक कलाकार भी हैं। एंकर या स्टैंडअप कॉमेडियन। उनके बारे में बहुत ही रोचक और दिलचस्प तथ्य यह है कि वे नए युग के लेखक हैं यानी उन्होंने अपने लेखन की यात्रा उस उम्र में शुरू की जब वह अध्ययन करने के लिए स्कूलों जा रहे थे।

उनकी 100 पुस्तकों की स्ट्रीक महान होगी भविष्य में उनके लिए उपलब्धि, उनकी कुछ प्रसिद्ध रचनाएँ यानी प्रेम की परिपक्वता (शैली _प्रेम) स्वप्न की गोपनीयता (शैली-मध्य वर्ग की जीवन शैली)। आप नोटियन प्रेस, अबे बुक्स, इम्युजिक इन, फ्लिपकार्ट, एमेजॉन, किंडल, इंस्टेंट रीड लाइक ईबुक, किंडल, गूगल, इंटरनेशनल साइट्स और कई अन्य से भी उनकी किताब खरीद सकते हैं। स्पॉटिफ़ पर पॉडकास्ट: @ ब्रोकन हार्ट इंस्टा आईडी: बुकहब92 जीमेल: सुमितकुमार 88234 लिंक्डइन: सुमीत कुमार .

क्रम-सूची

प्रस्तावना

सावधान क्यूंकी ये कोई मामूली कहानी नहीं है क्योंकि इसके किरेदार भले ही कैसे भी क्यों ना हो पर इसकी सचाई बिलकुल सातिक है,एक ऐसी सचाई जिशे में हर दिन महसूश करता हूं,और उसे महसूश करने के बाद ये सोचता हूं कि क्या सच में इतना बदल चुका हूं,शायद हर कहानी की हैप्पी एंडिंग नहीं होती,जो भी है इसकी हर एक खैरात हकीकत से लिखी गई तो ध्यान पूर्वक पढ़े।

पावती (स्वीकृति)

सुमीत कुमार

सुमीत कुमार, एक वयस्क जो जीवन के कई चरणों का अनुभव करता है, एक प्रसिद्ध लेखक और नए युग के लेखक हैं। वास्तव में वह एक लेखक होने के साथ-साथ गायक, कवि, शायर, उद्धरण लेखक, गीत लेखक और एक कलाकार भी हैं। एंकर या स्टैंडअप कॉमेडियन। उनके बारे में बहुत ही रोचक और दिलचस्प तथ्य यह है कि वे नए युग के लेखक हैं यानी उन्होंने अपने लेखन की यात्रा उस उम्र में शुरू की जब वह अध्ययन करने के लिए स्कूलों जा रहे थे।

उनकी 100 पुस्तकों की स्ट्रीक महान होगी भविष्य में उनके लिए उपलब्धि, उनकी कुछ प्रसिद्ध रचनाएँ यानी प्रेम की परिपक्वता (शैली _प्रेम) स्वप्न की गोपनीयता (शैली-मध्य वर्ग की जीवन शैली)। आप नोटियन प्रेस, अबे बुक्स, इम्युजिक इन, फ्लिपकार्ट, एमेजॉन, किंडल, इंस्टेंट रीड लाइक ईबुक, किंडल, गूगल, इंटरनेशनल साइट्स और कई अन्य से भी उनकी किताब खरीद सकते हैं। स्पॉटिफ़ पर पॉडकास्ट: @ ब्रोकन हार्ट इंस्टा आईडी: बुकहब92 जीमेल: सुमितकुमार 88234 लिंक्डइन: सुमीत कुमार .

1

लिबास

कुछ ख्वाब ऐश होते हैं जिंदगी में जो कभी पूरे होते हैं ही नहीं है, और ने ही उनकी याद कभी हम से अलग होती है, क्यों जो ख्वाब पहले से अधूरा है उनकी याद हमारे अपने ही अंदर है ही बात सिखी है की मेहंदी करोगे तो मंजिल जरूर मिलेगी, पर कभी किशी ने ईश रहश्या से परदा नहीं उठा है की आखिर कौन सी मेहंदी का नाम ये समाज वाले ले रहे हैं जिन्के पीछे है हम ,आब क्या बच्चे की जान लोगो क्या ? कभी जिंदगी में ये नहीं सोचा था की इतने सारे हादसे वो भी एक साथ मेरी वीरान शि दुनिया में आएंगे, और अगर हमारी महफिल मविन किशी को आना ही था तो उस वक्त हमारी महफिल की खुशी कहां, मैं कभी हूं हैप्पीनेस, ईश दुनिया में हर साक्षी के पास एक दिल है ये तो सब माने है, प्रति इसे भी ज्यादा हेयर करने वाली एक बात और सामने आती है की ये दिल कोई साधरण दिल नहीं है जो आपके लिए आपके जाने आज के एक हमदर्द बन चुका वो भी उन लोगो के लिए जो प्यार के अंधेपन में ये भूल चुके हैं कि हम एक ही दिल हर किशी को नहीं दे सकते हैं फिल्मो की तो बात ही लगा होता है जब एक नायक एक नायक है जी नहीं सकता, मेरी सासियां जो तुम्हारे बिना चल ही नहीं सकते, मौर मेरे दिल यू ही अंधेरो की तलाश में घुमसुदा है, और न ही तुम्हारे बिना जी सकता है, मतलब कहना क्या है? बातें, लाइफ में अगर लॉजिक ना हो तो हम उसे तब भी सुरवी वे कर सकते हैं, प्रति अगर मोहब्बत न तो जिंदगी वीरन शि लगती है, खैर ये बताता दन की ये मेरी सोच बिलकुल नहीं है की मोहब्बत जरूरी है जिंदगी में, क्योंकि अगर मोहब्बत इतनी होती है तो ये जिंदगी में में बाबू के सोच प्रति चलती, पर आइशी बात की उनकी अहमियत ही नहीं है आज कल क्यों की जहां मोहब्बत होती है वही इंसानियत भी आम तौर पर देखने को मिलती है, हर कोई कभी नहीं होता और यहां कभी कोई और नहीं वो भी तकदीर बन कर, ये दुनिया जितनी प्रकृति थी आज उतनी ही बनबती भी बन चुकी वो भी सिरफ एक सब के करन जिशे हम मोहब्बत कहते हैं,ये कोई बाजार में मिलने वाली छोटी से चीज नहीं है जिशे तल कर और सही दाम लगा कर हम उसे किशी को बीच दे, ये तो खूबसूरत बरबादी है जो सुरूरत में तो हर किसी को अच्छी लगती है, पर वक्त बीतने के बाद इसकी

रंजीश हम और तब कर देती है और उस वक्त हम सिर्फ यही सोचते हैं कि काश में उस साक्षी के लिए रिश्ते ना भूलत तो मेरी जिंदगी कुछ और होती है, सयद मेरे सपने कुछ और होते हैं और मेरी हकीकत कुछ और होती है, जयशेह हर दिन की सुबह एक जयशी नहीं होती है उशी तरह हर किसी की मोहब्बत भी एक जायसी नहीं होती है, कई बदला है जिंदगी में तब जब हमें ये फतेह नसीब होती है, ईश दुनिया में अकेला कोई नहीं जीना चाहता, क्योंकि यह हवानियात हर किसी के पास है पर इंसानियत बहुत कम लोगो के पास, ईश दुनिया में हर किसी की सोच गलत हो ये जरूरी तो नहीं, और सही हो ये भी सयाद जरूरी नहीं? फिर भी हम उन लोगो पर भरोसा तो करते हैं जो भले ही अपने नहीं हैं प्रति हर वक्त अपने होने का अहसास दिलाते हैं, और ये लोग हैं जिनसे हम बिनी मोहब्बत करते हैं, और वक्त आने पर इनके लिए कुछ भी कर सकते हैं है, जब किसी से पहली बार मुहब्बत होती ना तो वो हमारी आखिरी शिद्दत बन जाती है जैसे ना हम खुद से कभी अलग कर पाते और ना ही उसे कभी भुल पाते हैं, लोग बड़ी आशानी से ये कहते हैं कि आगे बढ़े जिंदगी में उसे भूल कर खुद की एक नई दुनिया मनाओ, पर कभी कोई ये क्यों नहीं बोलता कि तुम ठीक हो, क्या खोया है तुमने उसकी महफिल में जाकर जो कहमोशी ईश कद तुम्हारे आंदर बश चुकी है जिशे तुम कभी अलग नहीं कर सकते, ईश दुनिया में लोग जिस्मो का प्यार करते हैं ये तो सुना है मैंने, पर मोहब्बत में भी प्यार का मतलब यही है कि आज उस खुद की इनायत हर गई वो भी ईश बनबती दुनिया के सामने, जहां लोग वादे तो करते साथ निभाने के लिए सिर्फ कुछ वक्त के लिए ही, मोहब्बत किसी वजह को नहीं मैं देखती हूँ,और ना ही किसी साक्षी को देखती, कहने वो शरीफ हो ये बदमाश ये सबके लिए एक ही बरबादी लाती है, पर वक्त के साथ कुछ संभल जाती है तो कुछ ईश कदर टूट जाती है कि उसकी महफिल में सिर्फ खामोशी ही दिखती है, लोग कि फिदरत तो बदलती है ये भी सुआं था प्रति मोहब्बत भी उसी आने की तरह जिसकी सच्ची हमारे लिए दो तरफ होती है, जिस्कि फिदरत न तो साफ दिखाई देती और ना ही धुंधली। अपने हमदम की यादें देती हैं कहते हैं वो अतीत में कितनी ही अच्छी क्यों न हो, पर भूतकल उसकी परछाई से भी हम दूर भागना कहते हैं, जहां ना तो उसकी कहमोशी सुनाई दे और ना ही उसकी खुशी, इसके पीछे भी एक बहुत बड़ी वजह है, और ईश वज्ज वह साक्ष समझ सकता है जिसे खुद को किसी और के लिए कई बार कुर्बान किया है, और वो वजह बहुत इतनी शि कि जितने भी पल हमने उस अजनबी के साथ गुजरे हैं, कहने वो खुशी के हो ये गम के, हमने उस एक रिश्ते को निभाने के लिए अपनी पूरी शिद्दत झोंक दी, फिर भी अंत में हम रिश्तों को बच्चा नहीं पाते और जिंदगी में एक खेद की तरह ये हमारे दिल ओ जहां में अब जाती है। किशी एक साक्षी ने कहा है कि मोहब्बत में लोग साथ निभाने के लिए कुछ भी कर सकते हैं, उन्हें कोई वजह नहीं तुम्हारे साथ रुकने के लिए, तुमसे बातें करने के लिए, ये तुम्हारे करीब रहने के लिए, अगर मोहब्बत सच्ची और हलत बूरे तो वो तब भी तुम्हारे साथ ही रहेगी, और तुमसे वो कभी फुरक्त नहीं लेगी, और सय्यद काफ़ी हद में इसे हक़ीक़त मानता हूँ, और ये हक़्कत है भी अगर महसूस करोगे तो अहसास की फ़िदरत ज़रूर नसीब

होगी। सच्ची मुहब्बत में सिर्फ एक दिक्कत है कि हम उस साक्षी को इतनी अहमियत दे देते हैं जो उसके काबिल है ही नहीं मेरा कहना का मतलब किसी भी रिश्ते को एक तरफ बचने की क्या जरूरत है, जब उस साक्षी ने दूसरी तरफ से तोड़ दिया है उसे एक रिश्ते को बचाने के लिए हम कई रिश्ते तोड़ देते हैं, और वक्त रहते हैं जब एन बातें पर हम एहसास करते हैं तो हमारी दुनिया ही उस वक्त और यहां की खामोशी में रहती है, सोचने का वक्त तक नहीं मिलता उस वक्त, क्या करे क्यूं कारू ? कहा जाये ? कौन है मेरा उसके शिव ईश दुनिया? क्या में जी दूंगा उसके बिना?

क्या मेरी सास चल पायेगी? मुझे सिर्फ एक वजह दो कि क्यों नहीं भुल पाओगे तुम उसे? जब तुमने खुद को बुलाया, अपने उन रिश्तों को भुला दिया तो तुम उसे क्यों नहीं भुला सकते? यही तो बात है कि हम उसे प्यार नहीं कर सकते, क्योंकि एक साक्षी को आने के लिए हमने आपने से भु मुह लिया है, उस एक साक्षी को पाने के लिए हमने जीना छोड़ दिया है, ये सिर्फ मेरी बातें नहीं है, ये इश वक्त में सिर्फ अपनी बातें नहीं कर रहा, मैं तो उस समाज की बातें कर रहा हूं, जिसने मर्दो की शान ये कहा है कि लड़कों कभी रोते नहीं, जनाब कई बार रोए हैं, कई बार खुद को महरूम कर के भी दुसरो की खुशियां दी अनहोन, बचपन की खुशी से लेकर बड़े होने तक गम को संभाल रहा हूं, एक बाप की आशा और भाई बहनों के सपनों को संभला है, उस मां की ममता को बचा है, और ये सब कर भी जब वो टूट चूका है तो उस साक्ष प्यार की ताल है डायलसे की नहीं। सयाद हिसे में और कुछ ना लिख सकता हूं फिर कुछ बातें है जहां में जो हर किसी के सामने करना चाहता हूं, उन्हें उनकी खामोशी से आजाद कारवाना चाहता हूं, जितने भी दर्द सही हैं उनमें उन सब की आज फरियाद मिटाना चाहता हूं।

"

की मुझे

टेरी

जरूरत

नही

में खुद

को

संभल सकता हुन

तुझसे मिले

हर एक दर्द

को में

खुद का

आशियाना

मान सकता

हुन
और ये
जरूरी तोह
नही
अपने
जहन में
तुम मुझे
ही याद
करो
वक्त के
साथ
कोई दुसरा
भी तो
मेरी जगह ले सकता है....
"

चाहत दुनिया में हर किसी को नसीब नहीं होती और हर एक इसकी तालाब भी नहीं करता,यह मोहब्बत में ये लाजमी है क्योंकि इसकी सुरूरत भी कहत सेह ही होती है लोग अक्सर कहते हैं एक ख्वाब हकीकत हो वो भी उस दुनिया जिशे में खुद से भी चाहता हूं, के पास है हर एक ख्वाब को टूटे थे देखा है पर हकीकत यही है की जिंदगी के रस्तो में कहीं न कहीं मंजिल जुड़ा है, मैं पूरी दुनिया की उनसे कुछ नहीं कुछ लोगों को लगता है मेरी बैश एक इरदा है खुद को उनके सामने जलील करने की इतना आशा नहीं होती की महफिल में सब कुछ गावा कर उससे मैं खामोशी की देवारे बना लो और वक्त के इनायत में उसकी हर एक इसे मानो। वक्त की हर तालीम सही हो ये जरूरत तो नहीं और हद से हर वक्त एक जायश हो ये भी तो जरूरत नहीं है, की में हर वक्त खुद को समझने में ये सजिश करता हूं की स्थिति समाज हैं पर ही करता है पर हम अब इंसान है कहा, बेगैरत हर जग तो दारेंदगी शम्मिल है उनसे में, आज तमना तिह कुछ और थी लिखने की पर कुछ लम्हो ने इश कादर हमारी महफिल को दर्द में मोर को खड़े है जहां हमने कभी आने की रिवायत ही नहीं की थी और कोई कहत थी हम फिर भी कोषिश एक इबिटिडा है मेरे उससे में जो मुझे हर वक्त मजबूर कर देता है में आज भी उसकी गलियां में। दर्द की पहचान हर किशी को नहीं होती सुर खुशीयों की कहत हर एक इंसान को वक्त पर नसीब नहीं होती, खुद से लोग सवल करना केएसबी बैंड करेंगे की में क्या सच में सही हूं ये उसमें जरूरी है ईश दुनिया की कहत बिलकुल उस वैश्य की तरह जो हर दिन अपने जिस्म को बेटी हो तो पर अपने आने के लिए ना की,

मेरे में की मजबूरी में आकार, आज जो कुछ भी कह रहा हूं ये कहने वाला हूं सयाद उसकी सोच हर किशी को.सही ना लगे पर बेगरत खुद के अल्फाज भी आज रौक नहीं सचे ही क्यों जनता में हो जाएगी।

"

शायद सच्चा प्यार कभी

पूरा नहीं होता

क्योंकि जब

आप किसी के

प्रति वफादार होते हैं

वे हमेशा आपकी

पीठ में छुरा घोंपा करते हैं।"

2

किस्मत

कहते हैं किस्मत कभी कोई मिटा नहीं सकता, और किसी की पहली मोहब्बत भी कुछ इसी तरह की होती है, ख्वाब अगर बरबादी की शिद्दत में बने हो तो तकदीर की लिखवट भी कुछ खास नहीं होती, और ईश बरबादी से दुनिया का हर वो साक्षी वकीफ है जिसे पूरी शिद्दत से अपने रिश्तों को बचाया है, असली में ये जिंदगी भी एक सफारी में ही मिली है जिससे हम सब वकीफ हैं पर उसके लिए हर कोई तैयार नहीं है हमारी आम जिंदगी में, आप किसी रिश्ते को तब भी तक बचा सकते हैं जब तक वो आपकी किस्मत में है, पर जिश दिन इसकी आहट किस्मत की बाहों से दूर जाती है उस दिन रिश्ते भी उस खामोशी में बने उस की तरह हो जाती है जिससे ना तो खुशियां खरीदी जा शक्ति और ना ही आप किशी घर की बनाबत कर सकते हैं, ये कुछ पल की मोहब्बत तो आम पेटर उससे मिले जो बेवफाई है वो सआद हर वक्त हमारे करीब रहती बिलकू उस रूह की तरह जो जरूरी भी है जीने के लिए, पर कुछ लम्हे बीटने के बाद उसकी आहत भी हम वीरन कर देती है , अगर मुहब्बत को खेल समझेंगे तो सयाद उसकी परचाई आगे जकार तुम्हारे मौत की वजह भी बन सकती है, और ये कोई मामूली मार्ग की मरम्मत नहीं होती है जो उसके तुम्हारे सिरफ एक बार बरबाद करेगी और फिर तुम्हें आजाद कर देगी, ये तो हर दिन। हर वक्त तुम्हें इंते महरूम कर देगी कि जीने की सफारी भी मौत की तालाब दिखाई, मोहब्बत में अक्सर महरूम वही होते हैं जिन्हे आदत है उस दर्द की, वो दर्द जो ना तो उसके में आपके साथ कभी आपकी तबुस्सम बन सकता है और ना ही कभी आपकी फिदरत, एक छोटे से बच्चे की मुस्कान तब तक सलामत रहती है जब तक जवानी के दाग उस पर न लगे, हम ईश दुनिया में सिर्फ एक किर्यादार, और एक किरयेदार को इस दुनिया में रहने के लिए कई कीमत चुकाने की जरारत होती है, और इसका मलिक कोई और नहीं वो उपरवाला है जिशे हम अपने दुख में हर वक्त याद करते हैं, ईश दुनिया लोग अपने रिश्ते तो भूल सकते हैं, पर उस ऊपरवाले को कभी नहीं,क्योंकि हर वक्त उस उपरवाले की परचाई हमारे साथ मौजूद रहती है जिशे हम अपनी महफिल डर के नाम से भी जानते हैं, और ईश डर की चाहत उसमें तब आगे बढ़ती है जब हमारे में कोई कीमती चीज

आती है, अगर सीधे शब्दों में कहु तो, दौलत और मुहब्बत बिलकू एक जैसी है क्योंकि उन दोनों को खोने के बाद जिंदगी वीरन शि ही लगती है हर वक्त, खैर सबदो की उड़ान जितनी लंबी दर्द की तालीम उतनी ही आगे बढ़ती है, इश्किये ना तो ईश शिद्दत को आगे बढ़ाने की चाह करूँगा, और ना ही इसकी सफारी को, इश्किये ईश बरबादी की मंजिल को हम यही एक अधूरे सफर में छोड़ आगे बढ़ते हैं, और में आप सबको एक ऐसी मंजिल पर लेकर चलना चाहता मोहब्बत थी पर खामोशी की चाहत में जिशे आप सब सिर्फ महासूश कर सकते हैं, पर कभी खैरात में अगर ईश ख्वाब को अहसास करना है तो लाजमी उसके लिए बरबादी जरूर है, अपनी आत्मकथा शुरू करने से पहले कुछ बातें है जो साहिल करना चाहता हूं, कि ईश दुनिया में भले ही दो लोग के हो एक मुहब्बत हो कहे ना हो, पर उनको एक साथ जीने के लिए सहरे की सफारी जर्रोरी होती है, और इसके हम जो सहते हैं, कहे वो दर्द की कैसी भी तालीम क्यूं न हो, जब हम उसे लम्बे वक्त महसूश करते आते हैं तबी ये जरा हमारी आंखों के सामने नजर आती है, ईश दुनिया में गर कही मोहब्बत हुई है, वह जरात भी लमजी है उनके हिसे में, क्योंकि ना तो मुहब्बत के बिना जरूरत है और ना ही जरात के बिना मोहब्बत, ये दोनो एक दूसरे के बिना ना तो कभी रह सकते हैं और ना ही एक दूसरे से कभी अलग हो सकते हैं, अगर सीधे सबके में दो जिस्म एक जान है ये दोनो ईश दुनिया में, जिंदगी में प्यूबर्टी हो कहे ना हो पर मोहब्बत जरूरी है क्योंकि यही वो स्टेप्स है हमारी जिंदगी के जिशे हम मेच्योरिटी कहते हैं।

रंजिश है दुनिया में जो एक साक्षी को बरबाद कर देता फिर भी हम इसके साथ रहने की गुजारिश क्यों करते हैं, हर उस मंजिल पर नंगे पाउ चला हूं में, किशी की खैरात में उसे याद करूंगा कहत मेरी महफिल खतम क्यूं नहीं होती, ये हर रोज खुद से पुछता हूं में। मैं हूं अतुल शर्मा, आज खुद के बारे में कुछ ऐश ख्वाब बनाना चाहता हूं जिसके लिए एक आम इंसान से कफी अलग है, क्योंकि मेरी जिंदगी ही बकियो से अलग है जहां महफिल में है में जिंदगी में मैंने बहुत बड़े कहवाब देखे हैं, और आइश ख्वाब देखा जिसके पीछे होने की कोई उम्मीद नहीं थी फिर भी में उनकी राहो में आगे बढ़ता गया, खैर में अपनी छोटी दुनिया हूं सेह मिला बचपन से संभला है, मेरे हर उस सपने को पूरा किया है, जिसमें बहुत ही पहले ही भूल चूका था, वैशे मेरी माँ ना कभी मेरे पिता का सरनेम इस्तेमाल नहीं किया गया था क्योंकि वो उनकी परचा में कभी मेरे उससे नहीं लाना था। पीच एक बहुत बड़ी वजाह है, जिस में आप सब के सामने लाना चाहता हूं, तो हंसी की खैरत कुछ ऐशी है की माँ कफी अमीर परिवार से संबंधित है कार्ति थी और पिता मध्यम वर्ग परिवार सेह, कहते दो में है मोहब्बत उनके औडे (स्थिति) एक हो |

"शायद तेरी फ़िदरत समझ

ही

नही

पाया
अगर समझ
जाटा
तोह ईश
जीते
जगते
बन्दे
की लाश
यू शमसान की शाम
ना बनती।"

3

तौहीन

❧

वरना कई रिश्ते जो सही से कहल पाते हैं वो भी आखिरी तक, डैड और मॉम कॉलेज में मिले थे, डैड भी एक स्कॉलर और मॉम भी, उनके बीच मुहब्बत तो उस वक़्त लजीमी ही थी थी क्यूंकी डोनो के स्टेटस उस वक़्त काफ़ी मिलते थे , पहले अचानक से डॉन एक दूसरे से मिले फिर उनके बीच बातें है, फिर वक़्त की बर्बादी आगे बढ़ी, और कुछ यादें भी बनी, और आखिरी में दोनों को मोहब्बत हो ही गई, प्रति हर रिश्ते में को निभाने के समझने की जरूरत होती ही है, तो डैड और मॉम के रिश्ते से वो कैसे दूर रह सकती थी, डैड भले ही एक स्कॉलर थे पर वो एक लोअर मिडिल क्लास फैमिली से थे करते थे, इश्किये दादा जी अगर ये बात पता चलता तो वो उनके रिश्तों को कभी नहीं अपना आयशा मेरी मां का मानना था, पर ऐसी बात बिलकुल नहीं थी, क्योंकि जब मॉम और डैड ने भाग कर शादी की, तब दादाजी उन दोनों की कॉफी तालाश की थी और ये तक तो उनको दौलत की सारी बाजी भी उन दोनो को धुंधने में लगा दी, मॉम उस वक़्त डैड के खिलाफ इशलीए थी, क्योंकि डी अददजी ने डैड को धमकी दी थी कि अगर वो उनकी बेटी से दूर नहीं रहेंगे तो वो उन्हें जान से मर जाएंगे, और उनके परिवार को भी, और डैड के परिवार की भी सोच कुछ ऐसी ही थी, लोअर मिडिल क्लास फैमिली की खशियत ही यही होती है कि वो कभी किसी के सामने नहीं सिवाये उस ऊपरवाले को छोड़ देते हैं, एक तरफ इज्जत थी और दूसरी तरफ दौलत, मॉम भी ये अच्छी तरह से जानती थी कि उनके रिश्ते समाज वाले बिल्कुल नहीं अपनाएंगे, और सय्यद कहीं न कहीं डैड भी, खैर उस वक्त मॉम और डैड ने जो भी सोचा वो उनके लिए सही था, मतलब उन दोनों के मोहब्बत के लिए, पर वो कहते हैं जो रिश्ते बड़े प्यार से बनाए गए, वो वक्त के साथ टूट ही जाते हैं, मोहब्बत जब भी होती है ना तो खुद से होती और यही दुनिया की सबसे बड़ी बर्बादी है इश्क करने की, और जो दूसरी तरफ जिशे सिर्फ हम एक मोहरान बनाते हैं वो भी अपनी खामोशियों को दूर करने के लिए, वक्त आने जब उसकी जरूरत होती है जाति है तो हम उसे छोड़ भी देते हैं, मैंने ये बात पहले भी कोई दफा कहीं है कि इश्क वो वीवाईपी यार है जिसकी सीमा उस वैश्य से भी काम है, खैर जब मॉम और भाग कर शादी की, तो ये बात उस वक्त

किसी को पता नहीं थी, क्योंकि मां ने दादाजी से उस वक्त सिर्फ ये कहा था कि वो अपने दोस्तों के एक टूर पर जा रही, है और उधर डैड ने अपने परिवार से ये कहा कि वो एक जॉब इंटरव्यू के लिए बहार जा रहे वो भी बॉम्बे,क्योंकि वो दोनो जांते थे कि अचानक से अगर भाग कर साझेदारी की तो सयाद वो पकड़ेंगे जा सकते थे, क्योंकि मेरे दादाजी कोई मामूली इंसान बिलकुल थे, वो एक बहुत बड़े डायमंड टाइकॉन थे, इशलीए उस सेहर छोटे से लेकर हर बड़ा साक्श उन्हें और मॉम को काफी अच्छे से पचंता था, ये तक तो उनके सहर में उनके होल्डिंग्स तक लगे हुए थे, और दादाजी खुद के नाम को बनाने के लिए काफी मेहनत की थी और वो मेरे डैड से यही कहते थे, कि सीवीओ पहले एक उनकी तरह बन जाए फिर वो आकार मां का हाथ मांगे, अगर सच को तो दादाजी उस वक्त बिलकुल गलत नहीं थी, क्योंकि ईश दुनिया लोग मोहब्बत को पैशो सेह तले जाने वो अरेंज मैरिज हो ये लव मैरिज, ये तक तो लड़कियों को बीच जाता है हमारे समाज वो भी एक आइशे साक्श के साथ पूरी जिंदगी बिटाने के लिए जिनहे अच्छी तरह से जंति भी नहीं है, मैं ये बिलकुल नहीं कह रहा कि अरेंज मैरिज करना गलत है, पर हर किसी की इज्जत नहीं होती कि वो किसी आइशे साक्ष के पास जिसे ना तोह वो कभी मोहब्बत कर सकती है और न उपयोग बर्ें में सोच सकती है, दादाजी उस वक्त बहुत बश इतना कहते थे कि उनकी बेटी जब भी जाए तो एक अच्छे घर में जाए, एक अच्छे घर का मतलब ये नहीं कि वह लोग अच्छे हो, उनके कहने का मतलब ये था कि उन्हें कभी किसी चीज की कामी ना हो, क्योंकि बचपन से मां ने दादाजी से जो भी मांगा है वो उसके लिए कभी मन नहीं करते थे, आइशी बात नहीं थी कि उनके बेटे थे, उनके दो बेटे उन्हें और मेरी मॉम उन सब से छोटी थी। मॉम उस काफ़ी डर चुकी थी जब डैड ने उन्हें सारी उन्हें ये कहा कि तुम्हारे पापा ने मुझे मरने की धम्मकी दी है और मेरे परिवार को भी, पर मुझे मेरी परवा नहीं है कीर्ति, (कीर्ति शर्मा जो की मेरी मॉम है),

4

चिंतित

मुझे सिर्फ मेरे परिवार की चिंता है, पर मेरे तुम्हारे बिना जी नहीं सकता और ना ही एक पल तुमसे और दूर रह सकता है इश्कियों क्या तुम जिंदगी भर के लिए मेरे साथ चलने को तैयार हो, फिर क्या था मॉम ने भी कुछ नहीं सोचा और डैड को हा कर दिया, एन सब को जब मिया बीवी आज तो क्या करेंगे उनके घरवाले साथी, डैड ने मॉम को ये कहा था कि वो दादाजी सेह टूर के बारे में बोलें, और वो इश्किये क्योंकि जब वो से भगाने की कोशिश करें तो उन्हें कोई पकड़ ना सके, मां भी अपने घर से अकेली ही निकली और दूसरी डैड ने भी यही किया, फिर दोनो पुणे की ट्रेन पकड़ी, और जब वो दोनो स्टेशन पर एक दूसरे से मील, तो वह उनके बक्की दोस्ती पहले से ही खड़े थे, वो भी उनके शादी करने के लिए, मतलब मंदिर वाला सीन, वैशे ये काफी फिल्मी थी मुझे पता है पर डैड की सोच काफी अच्छी थी, क्योंकि इसकी वजह से उस वक्त तो उनकी सहदी काफी अच्छे से हो गई थी और कोई मुशिबत भी नहीं हुई . उस वक्त भले ही मॉम और डैड एक बंधन में बंध चुके थे, पर इसका मतलब ये नहीं कि जो कसम और वादे उन्हें एक दूसरे के लिए किए, वो सच उन्हें आगे जाकर निभाएं, मेरे कहने का मतलब असली मोहब्बत तो अब सुरू होती है। जब डैड बहुत दिन अपने घर नहीं गए और मॉम भी, तब जाकर दादाजी की ये बात पात चली कि मॉम ने शादी कर ली है वो भी उन्हीं लड़कों के साथ जिशे वो अपनी बेटी के लिए काबिल नहीं समझे थे, दिल की फिदरत उस वक्त थोड़ी कमजूर हो चुकी थी, क्योंकि दादाजी ने कभी ये नहीं सोचा था कि जिश बेटी को उनको इतना प्यार और शिद्दत से पला है, वही उनकी तनहाई की करण बन जाएगी, खैर वक्त के साथ तो लोग अपने रिश्ते तक भुला देते हैं जो बड़ी इनय्यात सेह बनाया जाता है, तो दादाजी कब तक महरूम रहते उनकी यादों में, और कब खुद की परवरिश को कोशते और डैड और मॉम से अलग रहते हैं, इश्किये उस वक्त उन्हें ये सोचने की वो अपनी बेटी और दामाद को अपनाएंगे, मेरे कहने का मतलब उन दोनों की शादी फिर से करेंगे, वो भी पूरे समाज की आंख एयन के सामने, इशिलये उन्हें उन दोनों को किसी भी तरह से वापस बुला लिया, पर कहता है हर खुशी के पीछे एक गम की वजह होती है, पर उस वक्त किसी रंजीश ने उसकी

जगह ले ली थी, दादाजी ने तो उनके रिश्तों को अपना लिए था, पर मेरे मामा ने नहीं, मम्मा कभी इश रिश्ते को मन ही नहीं सकते, इशिकये उन्हें कई बार गुंडे भेजो वो भी डैड के परिवार को धमकाने के लिए।

में जब ये बात दादाजी को पता चली तो उन लोगों मामा को ये धामकी दी अगर तुम्ने दुबारा आयशा कुछ किया तो हम तुम्हें अपने घर से भी बेडकल कर देंगे, फिर दुनिया में कोई रिश्ते बहुत पहले से जनता हूं, और न ही इज्जत की, दुनिया में अगर कोई सबसे महान है तो वो दौलत है, जो की पन्नो के सौगत में भी होती और एक आम इंसान की सोच में भी सबसे महान है। ने उनसे ये कहा था की आब वो ऐशी हरकत दुबारा बिलकुल नहीं करेंगे, प्रति क्या ये सच में एक हकीकत है ये सिर्फ एक दिखावा? जब दादाजी को ये बात पता चली की माँ पुणे में और डैड भी, तब वो खुद वह गए थे उन दोनो को वापस लेन के लिए, पर उस वक्त डैड उनके साथ नहीं थे, दादाजी ने उस वक्त माँ सेह है, कहो। प्रति उस वक्त माँ ने दादाजी को कुछ बताया ही नहीं, दादाजी फिर से एक बार माँ से पूछा, तब माँ ने ये कहा की अक्षत अभी काम से बहार गए हो, कुछ दिनों में दादाजी, उससे कुछ ना कुछ तो दादाजी मैं चुप रही थी, प्रति उस वक्त दादाजी उन्हे देख कर इतने खुश थे की उन से कुछ नहीं पुचा, और कहा थिक है हम कुछ दिन के लिए ये रहते हैं तुम्हारे साथ, फिर हम तीनो घर एक साथ, दादा सेह ये कहा की हमे ये अब रुकने की जरूरत नहीं है डैड! मैंने चलना छै, चले न घर की वैशे भी बहुत याद आ रही है, (रोने का तरीका) आस्युं उस वक्त उन आंखों से साफ झलक रहे थे, और दादाजी ने उन माँ की खामोशी को महानो की अक्षत कहा है? क्या किया उसे तुम्हारे साथ? बतायो कीर्ति? कहा है वो? कहीं उसे तुम्हारे छोड़ तो नहीं दिया? अगर ऐसी बात है तो मैं उसे जिंदा नहीं छोड़ूंगा? बतायो कहा है वो? पापा अब वो दुनिया में नहीं!

क्या ? क्या कह रही हो तुम, क्या हुआ उसे? कब हुआ? मॉम उस वक्त दादाजी से जुठ बोल रही थी पर उन लोगों ने आयशा क्यों किया, खुद के ही प्यार को उस वक्त गला क्यों घटा दिया, और डैड आब ईश दुनिया में नहीं आयशा क्यों कहा उन्होन? एन सब के बाद जब दादाजी ने उनकी बात सुनी और जब उन अपनी प्यारी बेटी की आंखों में आस्युं देखे? तो वो आंदर से उध वक्त टूट चुके थे को भी पूरी तरह से, उस वक्त बश वो खुद को कुछ रहे थे, मैंने उनकी बात मान ली होती तो अक्षत आज हमारे साथ होता की, मेरे अब मेरे साथ होता है ने मुझे बताया ही नहीं और ना ही दादा जी ?पर उनसे मुझे ये बाते क्यों छुपी ? मुझे तो हक ने उस साक्षी के बारे में जाने के लिए जिसकी दुनिया था में? हेयर करने बाली एक और बात है की मैंने उस वक्त ईश बहरेहम दुनिया में आया ही नहीं था, मैं उस वक्त अपने मॉम के पेट में ही था, जब डैड की मौत हुई थी तब, इन सब दादाजी माँ को बाद में आ गए थे वो भी अपने सहर दिल्ली। ये कहानी भले ही अधूरी है पर कुछ पाने है जो अभी लिखने बाकी है क्योंकि मेरी कहानी तो अभी भी सुरु भी नहीं है, तो यह भी मेरी बरबादी बख्या है, मेरी मोहब्बत अभी भी काफी बक्की है। भी नहीं उठे है वो भी तो अभी बक्की है, पर कुछ वक्त तो लाजिमी

है ना अपने अतीत और उस हादसे को भूलने के लिए, क्योंकि मुझे ये बात कह पता थी कि मेरे इतने की पहचान ही और पचन बन कर सामने आएंगे।

"ना ही

किशी

दुआ कि

जरूरत

है

और ना

ही किशी

डाबा की

क्यूंकि

जो झकम

मुझे

मिले

है वो

भी भारोषे

के बदले

वो रंजीश

मेरे अपने ने ही

की थी।"

5

तिहार डायरी

18 साल बाद। दिल्ली (तिहाड़)।

वैशे तो मैं दिल्ली से हूं पर दिल की बातों से काफी दूर रहता हूं, और वो इश्किया क्योंकि बचपन से लेकर आजतक दादाजी ने मुझसे यही बातें कई बार की है, आज मेरा बर्थडे है पर में खुश बिल्कुल नहीं हूं, क्योंकि मैं अपने डैड को आज कफी मिस कर रहा हूं! मुझे पता है वो जहां भी होंगे मुझे देख रहे हैं, मैं उनके बारे में कुछ कहना चाहता हूं, (डैड आई मिस यू) एक और बात है जो मैं आप सब के साथ शेयर करने चाहता हूं कि, आज मेरे कॉलेज का पहला दिन भी, आप सब भी सोच रहे होने की ना कॉलेज वो भी इतनी जल्दी? पहले तो अपना स्कूल तो पूरा कर ले, वो कहता है न ज्शे साक्ष के पास ईश दुनिया में बेहसियाब दौलत है तो उसे पढ़ने की पढ़ने की जरा है, मेरे दादाजी जिनहोने मुझे न तो स्कूल के चरा अस्पस्ट करने दिए और न ही उनकी पढ़ाई को देखने का मौका दिया, जो भी करो घर में ही करो आयशा उनके कहना है? बालों करने वाली तो एक और बात है कि मैं एन 18 सालों में कहीं बहार गया ही नहीं, और ना ही दिल्ली की वो खूबसूरत गालियां देखी, और ना ही सदको पर नाथूलाल के छोले बटोले खाए, और नी हमारे देश की शान को देखा मैंने मतलब इंडिया गेट को, पर एक बात है मैंने इनके बारे काफी सुना, और इतना सुना है कि अब में देखना चाहता हूं, मुझे तो इनकी बातें भी एक कहानी जैशी लगती है, अब में ईश जेल में बिलकुन नहीं रह सकता, हा ! जेल, मैं जहां रह वो कोई जेल से थोड़ी काम है, हर वक्त इधर मत जायो, उधर मत जायो, भर जबे की सोचना भी मर, घर पर रहो और जो भी चाय तुम्हें मिलेगा, पर मैं अपनी मां और अपने दादाजी से कैसे कहू कि मुझे आज़ादी चाहिए, वो भी बहुत सारी, मुझे उन गालियों में घूमना है, नाथूलाल के पराठे खाने, और दिल्ली की खूबसूरती को महसूश करना है, मेरा बचपन भले ही उस खामोशी की चार दीवारो में चुकंदर चुका है, और अब में अपनी जवानी नहीं बांटने वाला, ये सब बातें मैंने अपने दादाजी और मॉम से कहीं तब जाकर बाहर जाने की मुझे आजादी मिली, और में ईश आजादी में भी कई सार लगें, कि तुम्हारे साथ दो बॉडीगार्ड हमेशा रहेगा, और तुम बाहर का कुछ भी नहीं खाओगे ना ही किसी से बात करेंगे, और अपने

ख्याल रखोगे और तुम्हें जो भी छैं हम से कहोगे, और कोई शरारत नहीं करोगे, मतलाब में हूं कौन? कहीं का सहजदा, और इतनी सुरक्षा क्यों, नहीं जरात है मुझे और सब की,

मैं एक नॉर्मल लाइफ जीना चैट हूं वो भी बाकी की तरह, मुझे एन सब की जरूरत नहीं है, ये सब कहने के बाद भी ना तो मां बदली और ना ही दादा जी की बात, इशिलये मुझे ना कहते हुए भी उनकी बातें मन्नी ही परी, और उन डोनो बॉडीगाइर्स को अपने साथ लेकर जाना ही पारा, घुटन जब आदत बन जाती है तो आजादी भी उस वक्त हमें महरूम कर देती है उसकी यादें, खैर जो भी है, में खुश रहने की इतने सालों में कहीं बहार जा रहा हूं, हा भले ही वो कॉलेज ही क्यों ना हो, पर अब मुझे थोड़ी तो आजादी मिली ही है, और में ईश अपने हाथ से कभी नहीं जाने दूंगा, पर कहते हैं जो हम सोचते हैं वो हमारी जिंदगी में कभी होता ही नहीं। पंगे होने ही है जिंदगी में कहे आप कितना संभल कर क्यों ना चलो, जब मैंने पहली बार उस कॉलेज में कदम, उस वक्त मेरे साथ पांगे होने से सुर हो गए, सब मुझे देख कर पता नहीं मेरे रास्ते से क्यों हाथ रहे, मुझे आयशा फील हो रहा था उस वक्त में एक स्टार हूं, मतलब कोई एक्टर ये सेलेब्रिटी झुन क्योंकि मैं जब भी उन देख रहा था, वो मुझे देख कर जल्दबाजी और फिर साइड हो जाते हैं, कुछ वक्त के लिए तो मुझे बड़ा अच्छा महासूश हो रहा था, क्योंकि बचपन की आदत में किसी को अपने सामने ये अपने आगे देख ही नहीं सकते। पर मेरा जितना आगे जा रहा था वह के सारे स्टूडेंट्स मुझसे गरबरा रहे थे, जयशेह की कोई भूत देख लिए हो, पर आयशा भी क्या था मुझमें, मैं कोई एलियन तो हुन नहीं जो मुझे देख कर सब बाल थे, कुछ देर बाद ये एहसास हुआ कि वो मेरी वजाह से नहीं ग़बरा रहे थे, वो इश्किये उस वक्त डर रहे थे, क्योंकि मेरे साथ दो बॉडीगार्ड भी थे वो वो भी खाली के साइज़ के और उन डोनो के पास गन भी थी, इशलीए वह के सरे स्टूडेंट्स मुझे देखकर डर गए थे . वैसा मैंने अपने कॉलेज का तो नाम ही बताया, क्या करूं उस दिन में इतना अजीब फील कर रहा था कि मुझे कुछ पता चल ही नहीं कि कब उस कॉलेज में गया और कब आनंद आया, हा! में तो भूल ही मुझे तो अपने कॉलेज का नाम बताना जो कि मेरे दादाजी का था.....

6

ट्रिनिटी हाई कॉलेज

ट्रिनिटी हाई कॉलेज.....

उस वक्त जब मैंने कॉलेज में नेट्री मारी तो सब ये जान गए थे, की में कौन हूं, ये तक तो पूरी क्लास में ये बात हो रही थी, हूं ज्यादा हूं वहां से बात नहीं कर रहा, और भी बहुत सारी बातें, सच कहु तो में उस वक्त कफी दारा हुआ महसूश कर रहा था, क्योंकि मुझे उस वतावरन ये महल की आदत ही नहीं ऊपर थी थे मुझे वक्वर्ड फील करने के लिए, वो किशी को मेरे करीब आने ही नहीं देते, जब भी कोई मेरे बगल में बैठने की कोशिश करता है तो वो उसे अपने कांडो पर उठाकर कहीं और बैठा देता है वो नहीं कह रहे थे, और कहते भी पुराना कॉलेज ही मेरे दादाजी का था, तो बोले की बातें ही नहीं आती कहीं से, और गर ये हडसा उस वक्त वह हो जाता भी उन अपनी नौकरी भाग भी अभी भी सब एक दसरे से बातें कर रहे थे, तब उसी डब्ल्यू अचानक एंट्री होती है मेरी सहजी की, जिसे ना तो में जनता, और न ही पता था, फिर भी उस वक्त में अपना दिल हर चूका था वो भी उसकी खूबसुरती, मैंने फिल्मो में देखा है की जब दो जब दो और मिलते ही उन दोनो में से किशी को जब एक तरफ़ा मोहब्बत हो जाए तो उस "लव एट फर्स्ट साइट" कहकर बोले है, पर मेरा वाला लव एट फर्स्ट कॉलेज था, जब उसे क्लास में एंट्री की तो सारे बचे उसे देख, और मेरी तो बात ही मत करना, मेरा तो मन कर रहा था, की में सुके पास जाने और उससे ये क्या तुम मेरे साथ रह सकती हो जब तक जिंदगी है, क्योंकि जिंदगी भर के लिए मैं हूं प्रति कहते हैं अक्सर जो चीज खूबसूरत होती है वो कहीं न कहीं खतरनाक भी जरार होती है, और वो थोड़ी शी खतरोंक नहीं थी बहुत ज्यादा थी, मेरे कहना का मतलब कराटे 2 दन खिलाड़ी थी वो चली, और वो में उसके ख्वाब में डूबा था, और जब वो मेरे करीब आई, मतलब अपनी सीट पी एर बैठने के लिए, प्रति जब वो अपने सीट पर बैठने आए तब मेरे बॉडीगाइर्स ने फिर पंगे लिए, प्रति ईश बर्र उने मुक्की खाने ही परी, पीट गए वो मेरी सहजा सेह, न चाहते हुए भी उन पर मन्नी स्थिति नियंत्रण से बाहर हो चुकी थी,

क्यों मेरे अंगरक्षो ने उस वक्त पूरे क्लास के सामने बंदूक जो निकल दी थी, ये देख कर वाहा प्रति सब डर चुके थे, ये तक में भी डर चुका था, प्रति मेरी सहजी की क्या ही वो बात करू, से तो उसे मेरे बॉडीगार्ड्स को और भी पीठा और उनसे उनकी बंदूक तक चेन ली और मेरी सीट भी मतलब खुद की सीट में तो डर के पहले ही साइड में बैठा था, क्योंकि मैंने अपनी पूरी जिंदगी में इतने सारे थे, फिर एक बार बातें होने लगी, प्रति ईश बार मुझे लेकर नहीं, मेरी सहज को लेकर थी, जिसके नाम की पहचान वाणी मल्होत्रा, से थी, खैर अभी और भी हादसे होने के लिए जरूरी कॉलेज तो दादाजी को ये बात कैसे पता नहीं चलती, वो एन ख्वाब से कैसे दूर रह सकते हैं, मुझे उस वक्त एक ही बात से डर रहा था, की कहीं वै को कुछ ना हो, आप सब कुछ भी होगा में? मोहब्बत चीज ही ऐशी होती है जनाब जो मुर्दे में भी जान दाल दे और जिसके जान है उसे वो मुर्दा बना दे, में ये बिलकु नहीं कहता था, की वो मुझसे अलग हो, क्योंकि जो दिलारी उस वक्त उसने की थी उसे तो एक ही साजा थी, की उसे कॉलेज से निकाल दिया भी नहीं हुआ, मेरे कहने का मतलब है मैंने जो सोचा था वो बिलकुल नहीं हुआ, और जिंदगी में पहली बार में ईश हदसे को लेकर बहुत खुश, मतलब मेरे पौ जममेन प्रति रुक ही नहीं रहे थे, मैं क्या था था, मन तो कर रहा था की दादाजी को बश छुम लुन, क्योंकि इसके बाद जो खुशी मुझे मिली में बता ही नहीं सकता, मेरे अंगरक्षकों को भी नहीं दिखाऊंगा, और मुझे, बालों में तब भी मैं पूरी तरह से माँ ने ईश बार कुछ नहीं कहा, और 18 सालो में,

ये पहली बार क्यों हुआ इससे पहले तो कभी इसकी इज्जत भी नहीं थी फिर अचानक से क्यों?

"रात से मेरी नींद गायब है

अल्फाज उसकी बुराई में

मशहूर

है

पर दिल

की फिदरत

ब भी उशे

कहेन

के लिए

बेटाब है

की लौट आ मेरी

महफिल में फिर से एक बार

"

उस वक्त हेयर भी और खुश भी, हेयरन इशलिये था की ये खुशियां मुझे पहली बार मिली थी, और में ये कभी सोच भी नई शक्ति था और खुशी इशलिये थी पर की वन्नी अब मुझसे नहीं ये भी दूर जो में सुक बारे में सोचता हूं, क्या वो भी मेरे बारे में सोचती है, नहीं! बिलकुल नहीं! अभी तो हम मिले, अभी तो मुझे मोहब्बत, और ये जरूरत तो नहीं की उसे भी मुझसे मोहब्बत हो, पर जाने के लिए बाते तो करनी ही पारगी ना, प्रति में उससे बातें कैसे करू? अगर मैं बात करने की कोशिश की, और कहीं इस्की वजाह से वो मुझसे रूथ गई, ये मुझ पर भी हमला कर दिया, तो ये बात फिर दादा जी को पता चली गी, और वो मेरे बाद फिर? ठीक करू तो करू क्या कुछ तो मदद करो ऊ ऊपरवाले? एन सब के बाद भी मैंने कभी हार मणि, में हर दिन कॉलेज आता और उसे हर रोज देखता, प्रति कभी उससे बातें करने की हिम्मत नहीं पता, लगभाग 2 महिन बीट चुके, उस देखते, पर मैंने कभी उससे 2 महिने में ही नहीं, फिर अखिर कर मेरी जिंदगी ने करवाती और मेरी दुनिया पूरी तरह से बदल गई, मतलब में जिशे अपनी खुशी मानता था, वो मेरे लिए बरबादी थी, मेरे इतने के बाद रिश्तों में रहा हूं वो आप खुद देख लो।

7

अभिजात वर्ग बातचीत

"

बातचीत

वन्नी : ओह मिस्टर ! तुम मुझे हर रोज देखते क्यों हो?

मैं: अच्छा प्रति मुझे नहीं पता।

वन्नी : क्यूं अंधे हो ?

मैं: सयाद हा पर तुम्हारे प्यार में?

वन्नी : पीट जाएंगे मुझसे अगर दुबारा ये बात कही, समझे!

मैं: ओके पीट लो, प्रति हमसे पहले कुछ कहना चाहता हूं।

वन्नी : क्या ?

मुझे : ....

वन्नी : अब बोलो क्या कहना चाहते हैं ?

मैं: वो मुझे ये कहना था की?

वन्नी: क्या कहना था?

में तुमसे प्यार करता हूं, जब तुम पहली दफा टका उसी वक्त अपना दिल और दिमाग को तुम्हारे हर चूका था, और जब तुम वो सीट वाली बातो की तो सच में मन था कर रहा था ये कहता था इशिलये मैंने उस वक्त आयशा कुछ भी नहीं किया, तुम पीटना कहती हो तो पीठ लो, प्रति सच में अब में तुमसे अलग नहीं रह सकती, और अगर अभी भी कुछ भी नहीं हूं तो वहां हूं... लोग है, आई एम सॉरी!, एंड आई लव यू! पर प्लीज पेटना मैट।

वन्नी: ??????? ये सब बोलकर मैंने अपनी आँखें बंद कर ली थी क्योंकि में अब

पक्का पीटने वाला हूं वो भी कफी जोड़ सेह, पर मैंने जो सोचा वो फिर से नहीं हूं उस वक्त सयाद मेरी बड़ी किस्मत थी। अच्छी थी की उसे मुझसे क्या कहा आप सब खुद ही देख ले?

वन्नी : ओए ! आब अपनी आंखें खोले।

मैं: में नहीं खोलने वाला, मुझे नहीं पीटना, अगर पीटना ही तो मुझे ये मात मारो प्लीज!

वन्नी: ओए बुद्धू आंखें खोले तो नहीं पिटुंगी, मुझे कुछ कहना है।

मैं: जो भी कहना है बश कह दो पर में अपनी आंखें वाला।

वन्नी : पक्का सोच लो फिर में तुम गले कैसी करुंगी वो भी तुम्हारे आंखें में देख कर तुम्हारे ईश प्रस्ताव का जबाब कैसी दूंगी बुद्धू।

मैं : क्या सच में !

वन्नी: में भी तुमसे प्यार करता हूं, पर मुझे लगा तुम कहोगे इशलीये उसी वक्त से चुप थी, और तुम्हारे आगे पीछे कॉलेज की इतनी लड़की थी फिर भी तुम उन्हे छोडकर मुझे, उर कभी भी तुम्हें भी। में यही बातें पसंद आई इशली बुद्धू, मैं तुमसे प्यार करता हूं।

प्रति मैंने कभी ये सोचा नहीं था की हर खुशी के पीछे एक गम की वजह छुपी होती है वो भी रंजिश की तरह पर हमारे रिश्ते के पीच, मेरे खाने के वो हादसे जुड़े हुए थे, जिने कभी भी कभी नहीं मैंने कभी नहीं बताया ही दादाजी, खैर वो अतीत कोई और नहीं मेरे डैड थ, ओह! मेरे डैड नहीं वन्नी के डैड!"

अंत भ्रम

मतलब ? आब कहने को क्या बक्की है मेरे उससे में? में तो खुद एक रहश्या बन कर रह गया हूं जब वन्नी ने मुझे अपने पिता से मिला था तब? मॉम ने तो कहा था की डैड अब दुनिया में नहीं है, तो क्या वो सेहरा जूठा जिशे में हर सूबा आने सामने देखता हूं? और इसे भी बड़ी बेवफाई जो मेरी जिंदगी ने मेरे साथ की है वो है की क्या वन्नी मेरी बहन है? अगर नहीं है तो वो मेरे डैड को? ये कहकर क्यों मिला रही है की चलो में अपने पिता से मिलाती हूं? में ईश मोर प्रति आकार टूट चुका था, और सयाद इतना टूट चक की ना तो जीने की सिफरिश है अब और ना ही खविश, और इतने सारे सवाल, और जब एक भी नहीं, क्या करू में? कहीं ये कोई ख़्वाब तो नहीं? और अगर सच में एक ख़्वाब है तो मैं इसे देखने से पहले मरना चाहता हूं? माँ ने मुझसे जुठ क्यों कहा की उनके पति मर चुके हैं? क्या सचाई है इसके पीछे? क्यूं कहा उन्होन ? और कौन शी मजबूरी थी उस वक्त जिसके लिए माँ ने मुझसे ये सब छुपाया, क्या में सच में उनका बेटा हूं? क्या वो सच में मेरे डैड है? और गार नहीं है तो उनकी तस्वीरे मेरे कामरे में कर रही है? और अगर ये भी सच नहीं है तो मेरे डैड है कौन? कहीं में कोई अनंत तो नहीं? अगर अनाथ हुं तो बेगैरत अनाथ से इतनी मोहब्बत क्यों? और अगर ये बातें वन्नी को पता चली तो फिर क्या होगा?

"

कुछ चंद लम्हे

मीता चुका

हुन

अपनी महफिल सेह

जो

मुझे उसकी याद दिलाती है

लेकिन घाव की

एक झलक

हमेशा मुझे चोट पहुँचाती

है जो उसके उपस्थिति

सेह

मुझे मिलती है आजकल...."

संस्करण:1

संस्करण:1